結んで巻くだけ 編まない あみぐるみ

眞道 美惠子

日本文芸社

はじめに

うちの子のあみぐるみを作りたい！
だけど編み物はハードルが高すぎる、編まずにうちの子を作れる方法はありませんか？
と、いろいろな場面でお声をいただいていました。
7年前になりますが、お子さん向けに編まなくても楽しめる方法を
キッズワークショップで紹介していました。
かわいいトイプードルができ上がると、お子さんからも保護者さまからも
「かわいい！」と歓声が上がりました。
その経験から、どなたでも楽しめる「編まないあみぐるみ」本の制作がスタートしました。

今回は巻くだけで作れる方法に加えて、植毛することでよりリアルに仕上がる方法も紹介。
ホワホワした毛糸の特性を活かした、ウサギやハムスターなども提案しています。

1本の毛糸が、丸めたり巻いたりするだけで形が変わり、
かわいい動物に姿を変えていく様子はワクワクします。
やわらかな毛糸に触れながら、みなさんで楽しんでいただけたらうれしいです。

眞道美恵子

contents

植毛タイプ クマ／ハムスター／ウサギ／クマ／植毛タイプ クマ／ネコ／トイプードル／ヒツジ／植毛タイプ マルチーズ

編まないあみぐるみって？

かぎ針で編むあみぐるみと違って編み図がなく、糸をぐるぐる巻いて作るあみぐるみのこと。型紙（P.46）や出来上がりサイズ（P.70）の写真に合わせながら形を整えて仕上げます。本書では「巻くタイプ」のほかに、巻いて作った土台に糸を植毛してリアルな出来上がりを楽しむ「植毛タイプ」も紹介しています。

植毛タイプ クマ　植毛タイプ シュナウザー　トイプードル　ヒツジ　ハムスター　クマ　コアラ　ウサギ　植毛タイプ トイプードル　クマ　アルパカ

●印刷物のため、現物と色が異なる場合があります。ご了承ください。

●糸や用具の表示内容は、2024年8月のものです。

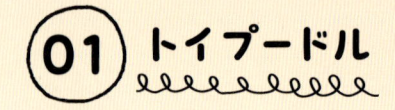
トイプーらしいくるくるのファンシーヤーンを
使用。耳はそれぞれ垂れ耳のパピーカット、
丸みのあるテディベアカットに仕上げています。

How to make ➪ P.48

仲良く一緒にお留守番。
早くお散歩に行きたいね〜

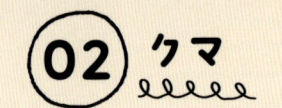

クマ

巻くタイプのクマ3種。滑らかな肌触りの糸で作っており、ずっと触っていたくなる気持ちよさ。お揃いの蝶ネクタイがトレードマークです。

How to make ➥ **P.50**

みんな、おやつの時間だよ〜

早く帰っておいで〜

クリアポーチにすっぽり収まる手のひらサイズ

どこにでも一緒にお出かけできるね♪

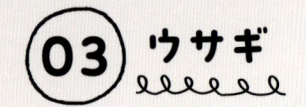

03 ウサギ

『ラビッツ』というぴったりなファンシーヤーンでウサギの柔らかさを表現。糸を巻きながら、途中で色を変えることもできます。

How to make ➡ P.52

一緒に遊ぼう！
かくれんぼしようか

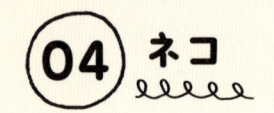

04 ネコ

大きな瞳が印象的なニャンコ。三毛猫の模様は、土台を作った後に刺しゅうをして、フェルティングニードルで仕上げます。

How to make ➡ P.54

ふふっ、隠れちゃお

おーい、
一緒に遊ぼうよー

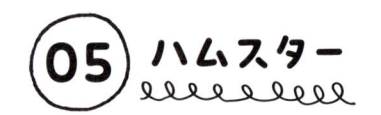

05 ハムスター

小さなピンクのあし先でハムスターの可憐さ
を表現。グレーと白の糸を使った顔の模様は、
ウサギの作り方と同じです。

How to make ➡ **P.56**

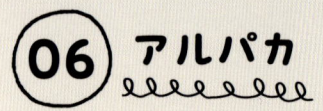

06 アルパカ

アルパカのイメージにぴったりなファンシーヤーンを使用。高さが22cmという大きさで、しっかり自立もするので存在感抜群です。

How to make ⟹ **P.58**

07 コアラ

高さ8cmほどのミニサイズで、横向きスタイルがかわいいコアラ。チャームポイントの大きな鼻は、刺しゅうで仕上げています。

How to make ➡ **P.61**

ふぁー眠い。。

08 ヒツジ

アルパカと同じファンシーヤーンで、羊ならではのふわふわを再現。リラックス感のあるお座りスタイルがチャーミング。

How to make **P.62**

ナイショの話しだよ

植毛タイプ

⑨ トイプードル

頭と体の芯を作って、土台に植毛するタイプ。
手触りのいいふかふかのボリューム感とお座
り上手な安定感が魅力です。

How to make ➡ **P.63**

⑪ シュナウザー

真っ白な糸でふんわり仕上げたマルチーズ。
並太の手編み糸をしっかりブラッシングして
からお好みのスタイルにカットします。

How to make ➡ **P.65**

⑪ シュナウザー

白とグレーの糸を使い分けながら植毛します。
シュナウザーらしい折れ耳は、フェルティング
ニードルで形を整えるのがポイント。

How to make ☛ P.66

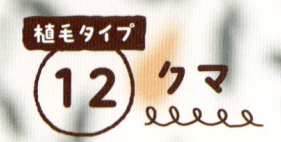

フレンドリーな雰囲気を持つもふもふのクマ。
頭もお腹も丸く大きく作ることを意識すると
かわいらしさが倍増します。

How to make ➡ **P.68**

必要な材料と道具

編まないあみぐるみを作るために必要なものを紹介します。

〈主な用具〉

①目打ち(N目打)
　　目・鼻パーツをつけるとき、毛糸玉に通し穴を開ける。

②カットワークはさみ
　　植毛した糸をカットする。

③糸切りはさみ
　　糸を切る。

④アップリケパンチャー用 押さえ手
　　目の周りなど細いところを整える作業で使用。

⑤スリッカーブラシ
　　植毛した毛をほぐすために使用。

⑥ニッティングスレダー
　　毛糸用の糸通し。

⑦あみもの用待針
　　パーツをとじ合わせるときにパーツ同士を留める。

⑧刺しゅう針
　　ハムスターの鼻、コアラの鼻を刺しゅうする際に使用する針。

⑨とじ針(太番手用・細番手用)
　　パーツをとじ合わせるときや植毛で使用。

⑩フェルトパンチャー替針
　　フェルティングニードルの針。糸を刺して固める。

⑪クロバーボンド 手芸用・極細ノズル
　　鼻や目のボタンを接着させる。

⑫台紙
　　毛糸を巻く際に使う厚紙台紙(幅8・7・5・4・3・2・1cm)。
　　*画像はわかりやすいように目盛り入りを使用。

⑬フェルトパンチャー用スポンジマット
　　フェルティングニードルを使用する際のマット。

①②④、⑥〜⑪、⑬ クロバー

〈あみぐるみ使用糸〉

Ⓐ ハマナカ アメリー
Ⓑ ハマナカ ソノモノループ
Ⓒ 毛糸ピエロ（ごしょう産業）
　ラビッツ
Ⓓ DMC テディ
Ⓔ ハマナカ ソノモノ《合太》

〈主な材料〉

❶ 両面テープ（幅10〜12mm）

テクノロートに巻いて使用。

❷ ハマナカ 形状保持テクノロート(L)H430-058

形状保持材。 一部の作品の耳・しっぽの芯に使用。

❸ サシ目 10mm・8mm・6mm

各動物の目ボタン各種。

❹ サシ鼻 8mm・6mm

❺ ドッグノーズ 10mm

❻ キャット・アイ（12mm）

ネコ用の目ボタン。裏側から好みの色（耐水性）で着色することもできる。

❼ 飾りリボン

クマの首元に使用した飾りリボン（使用はお好みで）。

❽ 手芸綿

芯を巻くときに使用するシート状の綿。

❾ ハマナカ ピッコロ

アルパカの鼻と口の刺しゅう用。

❿ DMC 刺しゅう糸25番（ピンク）

　DMC 刺しゅう糸ウール（黒）

ハムスターの鼻、コアラの鼻の刺しゅう用。

⓫ 手芸用モール3mm（ピンク）

針金の入ったモール。ハムスターのあし先に使用。

❸〜❻ クラフトハートトーカイ

編まないあみぐるみ作り方のまとめ

編まないあみぐるみには、巻くタイプと植毛タイプがあります。それぞれのおおまかな作り方のプロセスを紹介します。詳しくはP.39〜をご覧ください。作り方のポイントは動画でも説明しています（P.80参照）。

[巻くタイプ]

01 型紙の形とサイズに合わせて糸を巻き、頭と体を作る。硬めのお団子くらいの硬さが目安。巻き終わりの糸（30cm程度）をとじ針に通し、出来上がった頭と体の中をいろいろな方向から刺し、長く渡った糸を止めるように全体をぐし縫いする。
※ウサギ、ハムスターは顔の中心の模様になる部分を糸を変えて巻く

02 前あし、後ろあし、耳、しっぽ、口は、指定サイズの台紙に巻いて作る。

03 各パーツを縫い合わせる。目と鼻のパーツを仮につける。

04 額の部分に巻いた糸で刺しゅうする（アルパカ・ヒツジ）

05 組み立て後、バランスを見ながらボリュームの足りない部分に糸を巻き足す（特に前あしの付け根から首や顔まわり）。巻き足す位置は組み立て図のイラストに表示。

06 ファンシーヤーンの毛並がきれいに見えるように針先で毛先を引き出し整えながら、フェルティングニードルで刺して固定する。

07 口の土台を刺しゅうする（ネコ・ウサギ・ハムスター）。鼻を刺しゅうする（コアラ）。

08 目、鼻のパーツを手芸用ボンドで固定する。口を刺しゅうする（アルパカ）。

[植毛タイプ]

01 頭と体の芯になる手芸綿を丸め、型紙の形に整える。

02 型紙の形、サイズに合わせながら手芸綿が見えなくなるように糸を巻き付け、土台を作る。硬めのお団子くらいの硬さが目安。

03 巻き終わりの糸（30cm程度）をとじ針に通し、出来上がった土台をいろいろな方向から刺し、長く渡った糸を止めるように全体をぐし縫いする。

04 さらにフェルティングニードルで刺し、土台の糸を固定させる。

05 前あし、後ろあしの土台は、指定サイズの台紙に巻いて作る。しっぽ、耳、マズルも同様に作る。

06 耳以外のパーツを組み立てる。

07 口の中心に植毛する。輪になった部分はカットし、スリッカーブラシをかけ、余分な糸をカットし整える。

08 頭に植毛する（組み立て図の指示の長さよりプラス5mmを目安に）

09 植毛した根元をフェルティングニードルで刺し、固定する。

10 軽くブラッシングし、大体の長さにトリミングする。

11 体、前あし、後ろあしとパーツごとに植毛、根元をフェルティングニードルで固定、ブラッシングとカットをする。全身に植毛してまとめて最後にカットしようとすると、土台の形がわかりにくくなるため、それぞれに植えたらカットするを繰り返すのがコツ。形がわかりやすく、バランスがとりやすい。

12 しっぽを縫いつけ、ブラッシング、カットして整える。

13 耳を縫い付け、目、鼻パーツを手芸用ボンドで固定する。

14 最後に全体のバランスをみながら、トリミングして完成。

※製作中はマスクの着用をおすすめします。

[巻くタイプ]の作り方

編まないあみぐるみには編み図がありません。型紙の大きさに合わせ、写真を見ながら立体的に仕上げます。ここでは巻くタイプの ⑴ トイプードルを例に作り方を紹介します。P.48も合わせてご覧ください。

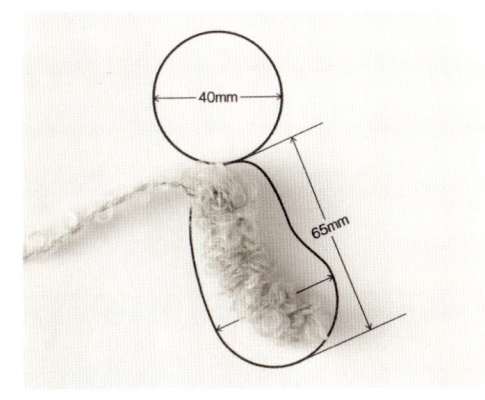 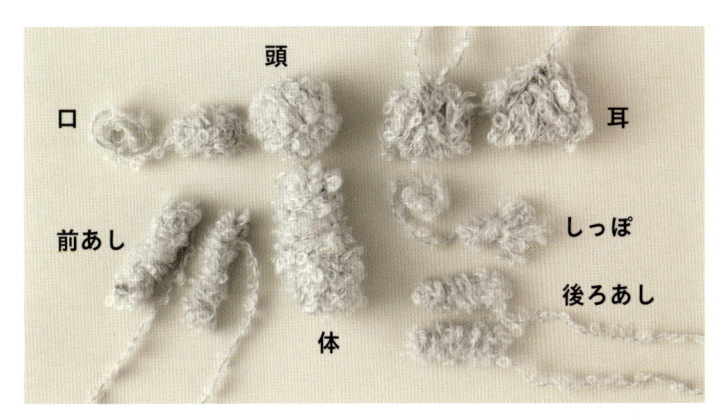

01 糸をぐるぐる巻き、型紙の形とサイズに合わせながら頭と体を作る。糸の始末は P.40、04～07参照。

02 前あし、後ろあし、耳、しっぽ、マズルの各パーツを作る。あしの巻き方はP.41、耳、しっぽの巻き方は P.42～をそれぞれ参照。耳もしっぽも輪になった部分はカットせずそのまま使用する。

 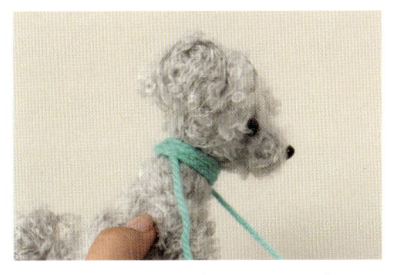 

03 各パーツを組み立て図のイラストを参考に縫い合わせ、組み立てる(P.49参照)。あしのパーツがぶらぶらしないように、根元15mmくらいまで縫い止める。

04 首から前あしの根元にかけてボリュームの足りない部分に糸を巻く。巻く位置は組み立て図(P.49)を参照する。＊わかりやすいように糸を変えています

05 写真のように糸を巻き、糸が外れないように巻き終わりの糸で数カ所縫い止める。

06 後ろあしの周りは、あしの間を交差するように巻く。とじ針で縫いつけながらや、フェルティングニードルで固定しながら巻くと毛糸がはずれにくい。

07 巻き足したところ。

08 巻き終わったらファンシーヤーンの飾り糸(輪になってふわふわしているところ)を針で引き出し、毛並みを整える。

09 バランスを整えながら全体をフェルティングニードルで固定して完成。

[植毛タイプ]、共通パーツの作り方

巻くタイプとは少し作り方が異なる植毛タイプ。**⑨** トイプードルを例に植毛タイプの作り方を紹介します。
あし、耳、口、しっぽを作るプロセスは、両タイプ共通です。P.63も合わせてご覧ください。

〈芯を作る〉

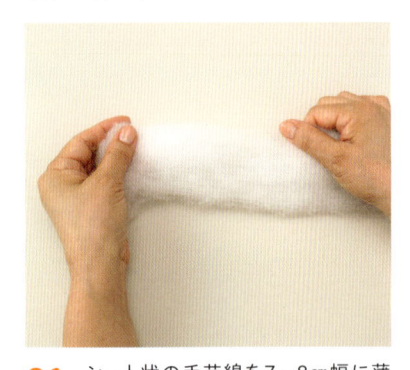

01 シート状の手芸綿を7〜8cm幅に薄く伸ばす。

02 端から巻き込むように芯になる手芸綿を巻く。

03 手芸綿の大きさは型紙に合わせる。目安は、やや硬めのお団子くらい。

〈頭と体の土台を作る〉

01 手芸綿に糸を巻きつける。

02 いろいろな方向から糸が重なるように玉にする。

03 巻き終わったところ。巻き終わりの糸を30cmくらい残す。

04 スレダーを使って糸をとじ針に通す。

05 巻いた糸が外れないように毛糸玉の中を通しながら縫い止める。

06 体（ナス型）も同様にいろいろな角度から糸が重なるように巻く。巻きながら体の形を整えていく。体も頭と同様に、巻き終わりの糸で巻いた糸がはずれないように縫い止める。

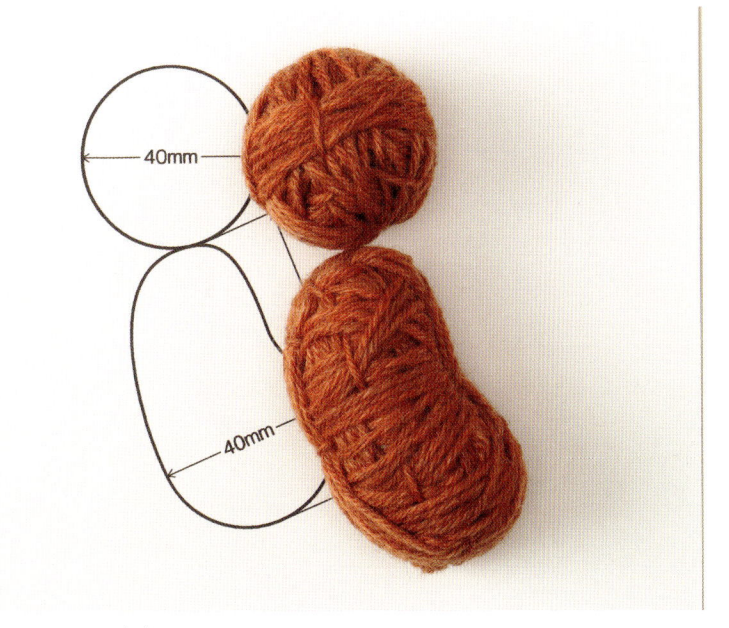

07 さらに糸同士がからまるようにフェルティングニードルで刺して固める。

08 頭と体の土台の完成。

〈あしの土台を作る〉両タイプ共通

01 前あしは5cmの台紙に糸を20回程度巻く。

あし先

02 台紙から糸をはずし、巻いたところを崩れないように持ち、10mm程度あし先になる部分を残し、巻き始める。

03 棒状になるように40回程度きつめに巻き、巻き終わりは5mmくらい残す。

04 巻き終わりの糸は30cm程度残して切る。

05 巻き終わりの5mmの輪の中にとじ針を通す。数回糸を通して縫う。糸端はそのまま残しておく。

06 軸の部分をフェルティングニードルで刺して止める。あし先の根元は特に丁寧に。後ろあしは4cmの台紙を使用し、同様に作る。巻く回数の目安は組み立て図参照。

〈耳を作る〉両タイプ共通

01 耳を巻いたところを縛るための糸30cmを二つ折りにして台紙にかける。

02 約30回巻きつける。

03 横に渡した糸を上にずらし、輪の部分に指を入れ、糸端を引き出す。

04 通した糸を引き絞る。

05 1本の糸をもう一度耳の輪の中に通し、固結びする。

06 耳の付け根をフェルティングニードルで刺して固める。巻くタイプの耳はこれで完成。

★植毛タイプの耳の仕上げ

07 輪の部分をカットし、スリッカーブラシで糸をほぐす。

08 耳の毛が広がらないようにもう一度フェルティングニードルで刺して固める。長さは組み立ててからカットする。

〈口としっぽを作る〉両タイプ共通

口

しっぽ

口は3cmの台紙に20回巻き、中心1cmを10回緩めに巻く。巻いたところをフェルティングニードルで刺し固める。しっぽも3cmの台紙に20回巻き、下半分を巻きつけてまとめる。あしと同様に仕上げる。

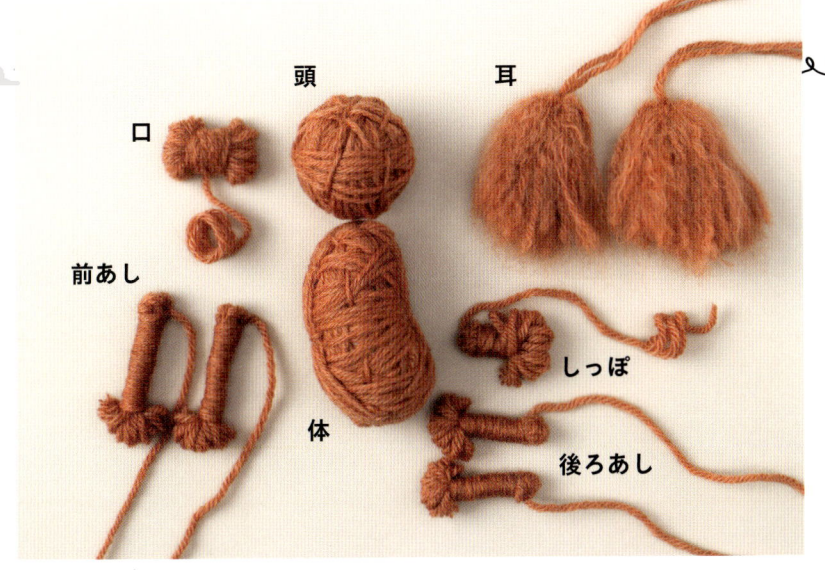

口 頭 耳

前あし

体 しっぽ

後ろあし

10 各パーツを作る。

〈玉留めを作らずにとじ糸をパーツにつける〉

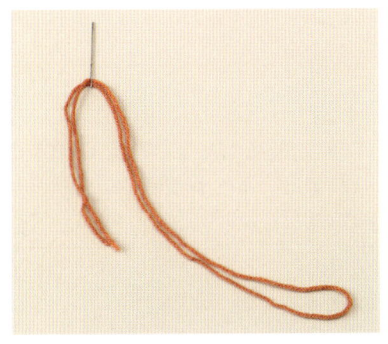

01 100cm程度の糸を二つ折りにし、輪の部分にとじ針を通す。このとき輪の部分が長くなるようにする。

02 体にとじ針を通し、輪の部分に針を入れ、引き抜く。

03 輪で糸が引き締まり、玉留めを作らずにとじ針をパーツにつけることができる。

〈パーツを組み立てる〉

01 頭と体のパーツをとじ合わせる。それぞれの玉の中を何箇所か通し、ぐらつかないように縫い止める。

02 とじ終わった糸は体の中を通し、遠い位置で糸を切る。

03 組み立て図（P.76）を参考に、各パーツを組み立てる。あしの付け根はぐらつかないように根元から15mmぐらい縫いつける。

〈植毛と仕上げ〉

＊植毛とは：2本どりの糸を二重にし、土台の糸1本の糸の間を割るように針を刺して糸を通し、ブラッシングをして毛並みを作ること。

01 全て植毛した後にカットをすると形がわかりにくいため、各パーツを植毛した後にカットをすると仕立てやすい。口は輪の部分をカットする。

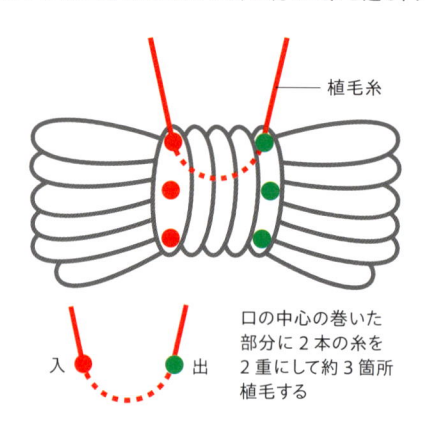

植毛糸

口の中心の巻いた部分に2本の糸を2重にして約3箇所植毛する

入　出

02 輪の部分に植毛し、糸の根元をフェルティングニードルで差し、糸が抜けないように固める。

03 スリッカーブラシをかけ、糸をほぐす。

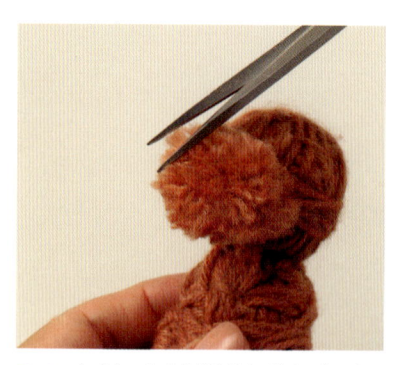

04 丸くカットする（最後に仕上げのカットをするため、ここでは大まかに）。

05 口ができたところ。

06 頭は、糸2本どりを二重にし、土台の糸の1本の間を割るように植毛する。間隔は5mm弱を目安に。根元はフェルティングニードルで刺し固める。

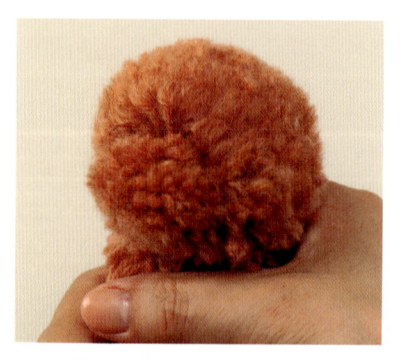

07 植毛が終わり、スリッカーブラシをかけ丸くカットしたところ。

08 体も同様に植毛する。

09 スリッカーブラシをかけ、体の形に沿ってカットしたところ。

10 組み立て図を参考に耳を縫いつける。

11 巻いた土台が固いため、目打ちで穴をあける。そこにボンドをつけて目と鼻を固定する。

12 あしにも植毛し、全体のバランスを見て仕上げのカットをしたら、植毛タイプのトイプードルの完成。

［あしの植毛ポイント］

右図のようにあしの軸に植毛する。あし先をカットし、全体をほぐして整える。

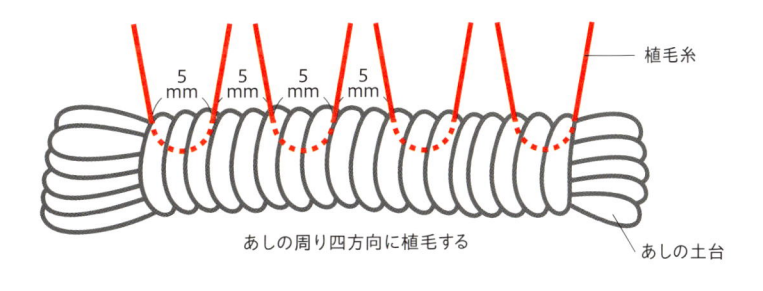

5mm　5mm　5mm　5mm　植毛糸

あしの周り四方向に植毛する　　あしの土台

頭と体の原寸型紙

編まないあみぐるみは、この型紙に合わせて形、大きさを確認しながら作りましょう。全体のバランスは、作品ごとの組み立て図をご覧ください。

・マルチーズ　　・ウサギ
・トイプードル（巻くタイプ）（植毛タイプ）
・シュナウザー

・クマ（巻くタイプ）（植毛タイプ）

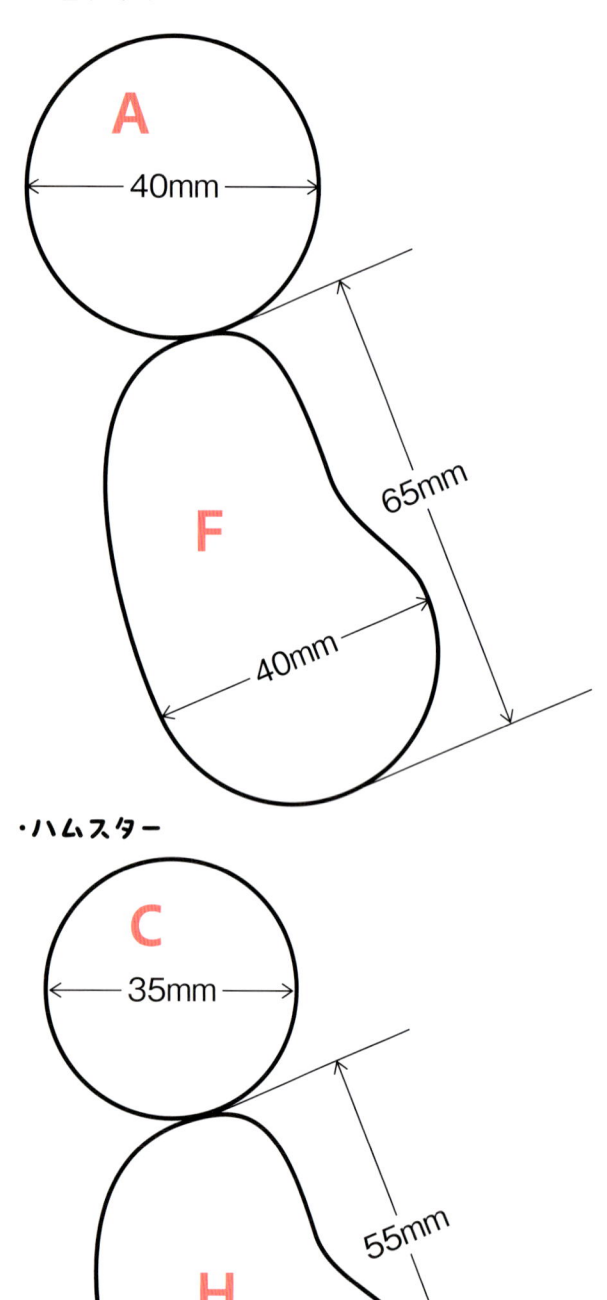

・ハムスター

・ネコ

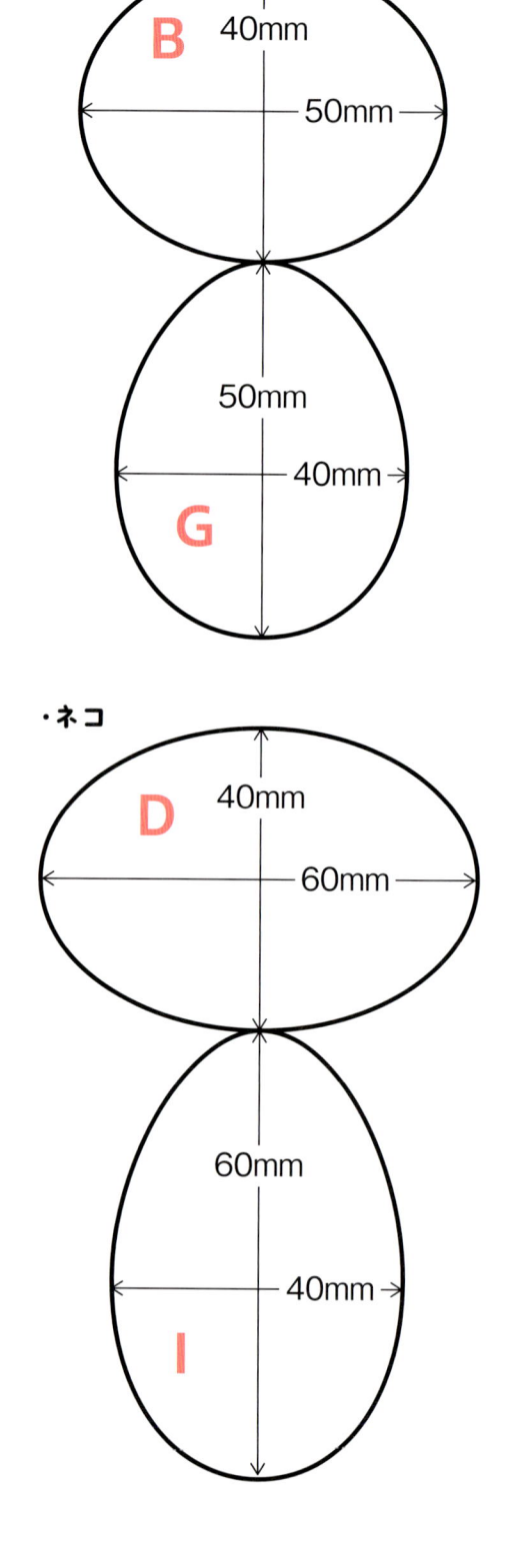

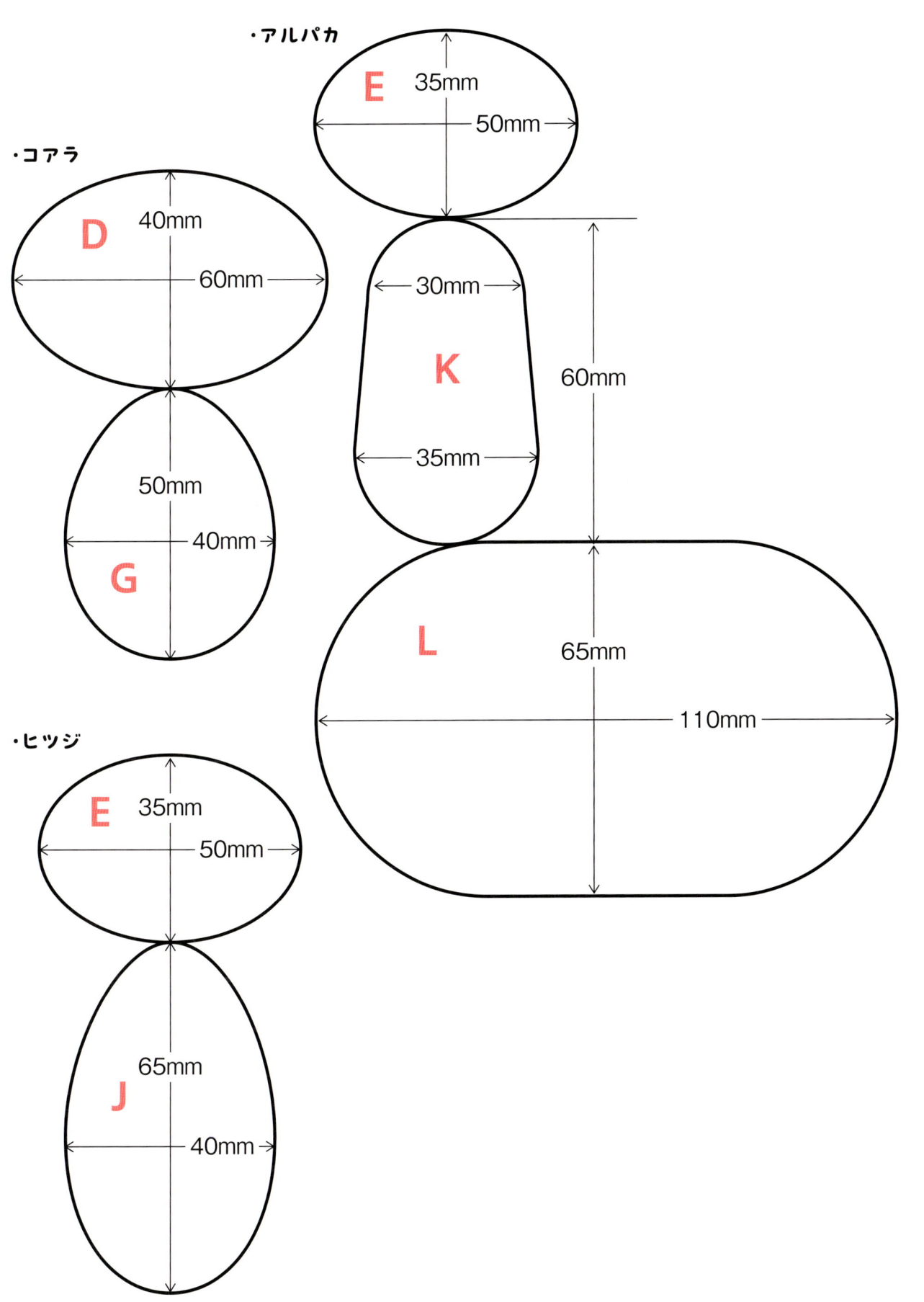

・アルパカ

E 35mm / 50mm

・コアラ

D 40mm / 60mm

G 50mm / 40mm

K 30mm / 35mm / 60mm

L 65mm / 110mm

・ヒツジ

E 35mm / 50mm

J 65mm / 40mm

 01 トイプードル ➡️ P.6

A　B

● **出来上がりサイズ**
→P.70参照

〈使用糸〉

使用法	使用糸	糸色	色番号	本数	使用量
土台 A	毛糸ピエロ ラビッツ	コレット	03	1本	40g
巻糸 A					
土台 B	毛糸ピエロ ラビッツ	ルイ	10	1本	40g
巻糸 B					

〈その他材料〉

種　類	色・形	サイズ	量
目ボタン（サシ目）	黒	8mm	1組
ドッグノーズ	黒	10mm	1個

〈パーツの作り方ポイント〉

パーツ	型紙	台紙	台紙に巻く回数	ポイント
頭	A	―		土台に手芸綿入れずに、型紙の大きさに合わせて毛糸だけで巻く
体	F	―		土台に手芸綿入れずに、型紙の大きさに合わせて毛糸だけで巻く
前あし	―	5cm	約 20 回	あし先は 10mm 残して、付け根まで約 40 回巻く
後ろあし	―	4cm	約 20 回	あし先は 10mm 残して、付け根まで約 30 回巻く
しっぽ	―	3cm	約 20 回	毛先 15mm 残して、付け根まで約 15 回巻く
口	―	3cm	約 20 回	台紙から外し、さらに約 10 回巻いたパーツを フェルティングニードルで固定してから縫いつける
耳 A	―	4cm	約 30 回	巻いた糸をしばり、広がらないようにフェルティングニードルで固定する
耳 B	―	3cm	約 40 回	巻いた糸をしばり、広がらないようにフェルティングニードルで固定する

組み立てた後に
巻く毛糸

02 クマ → P.10

A B C

● **出来上がりサイズ**
→P.71参照

〈使用糸〉

使用法	使用糸	糸色	色番号	本数	使用量
土台 A	DMC ファーヤーンテディ	薄ピンク	314	1 本	30g
土台 B	DMC ファーヤーンテディ	薄ブルー	315	1 本	30g
土台 C	DMC ファーヤーンテディ	ベージュ	311	1 本	30g

〈その他材料〉

種　類	色・形	サイズ	量
目ボタン（サシ目）	黒	8mm	1 組
サシ鼻	黒	6mm	1 個

〈パーツの作り方ポイント〉

パーツ	型紙	台紙	台紙に巻く回数	ポイント
頭	B	―		土台に手芸綿入れずに、型紙の大きさに合わせて毛糸だけで巻く
体	G	―		土台に手芸綿入れずに、型紙の大きさに合わせて毛糸だけで巻く
前あし	―	4cm	約 20 回	あし先は 10mm 残して、付け根まで約 30 回巻く。あし先が太くなるように巻く
後ろあし	―	3cm	約 20 回	あし先は 10mm 残して、付け根まで約 20 回巻く。あし先が太くなるように巻く
しっぽ	―	1cm	約 15 回	巻いた糸をしばり、広がらないようにフェルティングニードルで固定する
口	―	3cm	約 10 回	台紙から外して、さらに約 10 回巻く
耳	―	2cm	約 10 回	巻いた糸をドーナツ状にらせんに縫い、頭に縫いつける（P.51 参照）

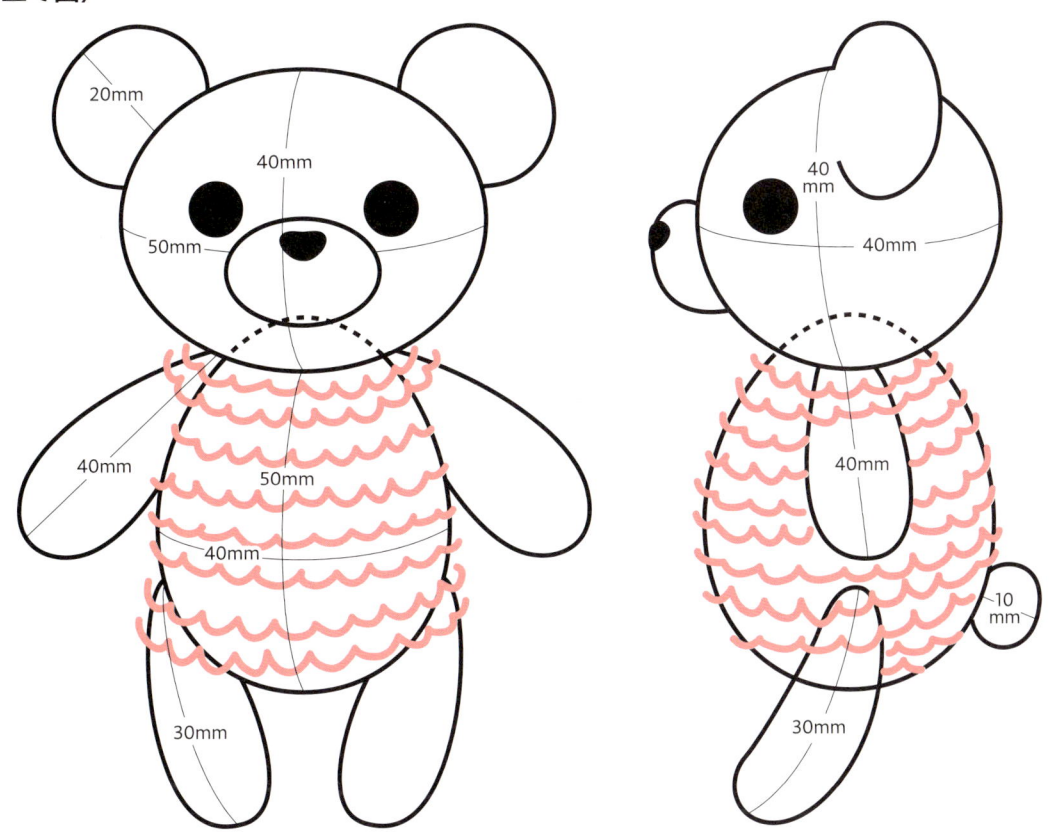

〈クマの耳の作り方〉

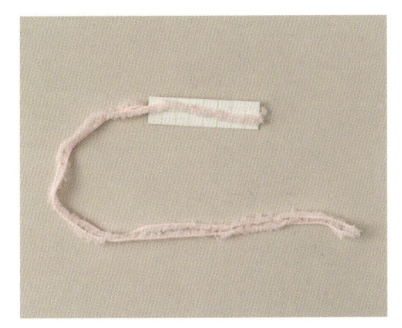

01 耳を巻いた糸を縛るための糸50cmを二つ折りにし、台紙に糸をかける。

02 台紙に10回巻く。

03 横に渡した糸を引き上げ、輪の中に指を通し引き抜く。

04 その糸をとじ針に通す。

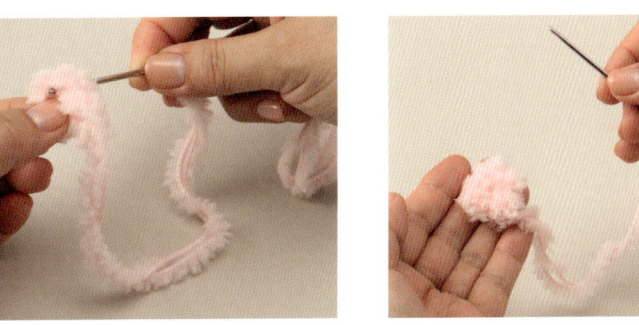

05 巻いた輪の中に針を通し、らせん状に巻きながら1周縫う。

06 丸い耳になるよう、巻くときは糸を強く引っ張りすぎない。

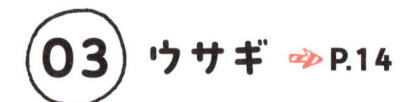

03 ウサギ ➡ P.14

A　B

● 出来上がりサイズ
　→P.72参照

〈使用糸〉

使用法	パーツ	使用糸	糸色	色番号	本数	使用量
土台 A	頭・体・前あし・後ろあし・耳・しっぽ	毛糸ピエロ ラビッツ	バーバラ	05	1本	40g
巻糸 A	頭・体・口（刺しゅう）		バーバラ	05	1本	
土台 B	頭・体・後ろあし・耳・しっぽ		ルイ	10	1本	25g
	頭（中心）・前あし		フェリス	02	1本	15g
巻糸 B	体（後ろあし周り）		ルイ	10	1本	2g
巻糸 B	頭・体（前あし周り）・口（刺しゅう）		フェリス	02	1本	2g

〈その他材料〉

種　類	色・形	サイズ	量
目ボタン（サシ目）	黒	8mm	1組
サシ鼻	黒	6mm	1個
テクノロート（L）		10cm	2本

〈パーツの作り方ポイント〉

パーツ	型紙	台紙	台紙に巻く回数	ポイント
頭	A	―		土台に手芸綿入れずに、型紙の大きさに合わせて毛糸だけで巻く。B は中心に白い毛糸を巻く。
体	F	―		土台に手芸綿入れずに、型紙の大きさに合わせて毛糸だけで巻く
前あし	―	4cm	約 20 回	あし先は 10mm 残して、付け根まで 30 回巻く
後ろあし	―	3cm	約 20 回	あし先は 10mm 残して、付け根まで 20 回巻く
しっぽ	―	1cm	約 20 回	巻いた糸をしばり、広がらないようにフェルティングニードルで固定する
口	―	―		おにぎり型に刺しゅうする。二重の糸で 5 〜 6 回サテンステッチ
耳	―	テクノロート		テクノロートに巻き付ける（P.53 参照）

〈組み立て図〉

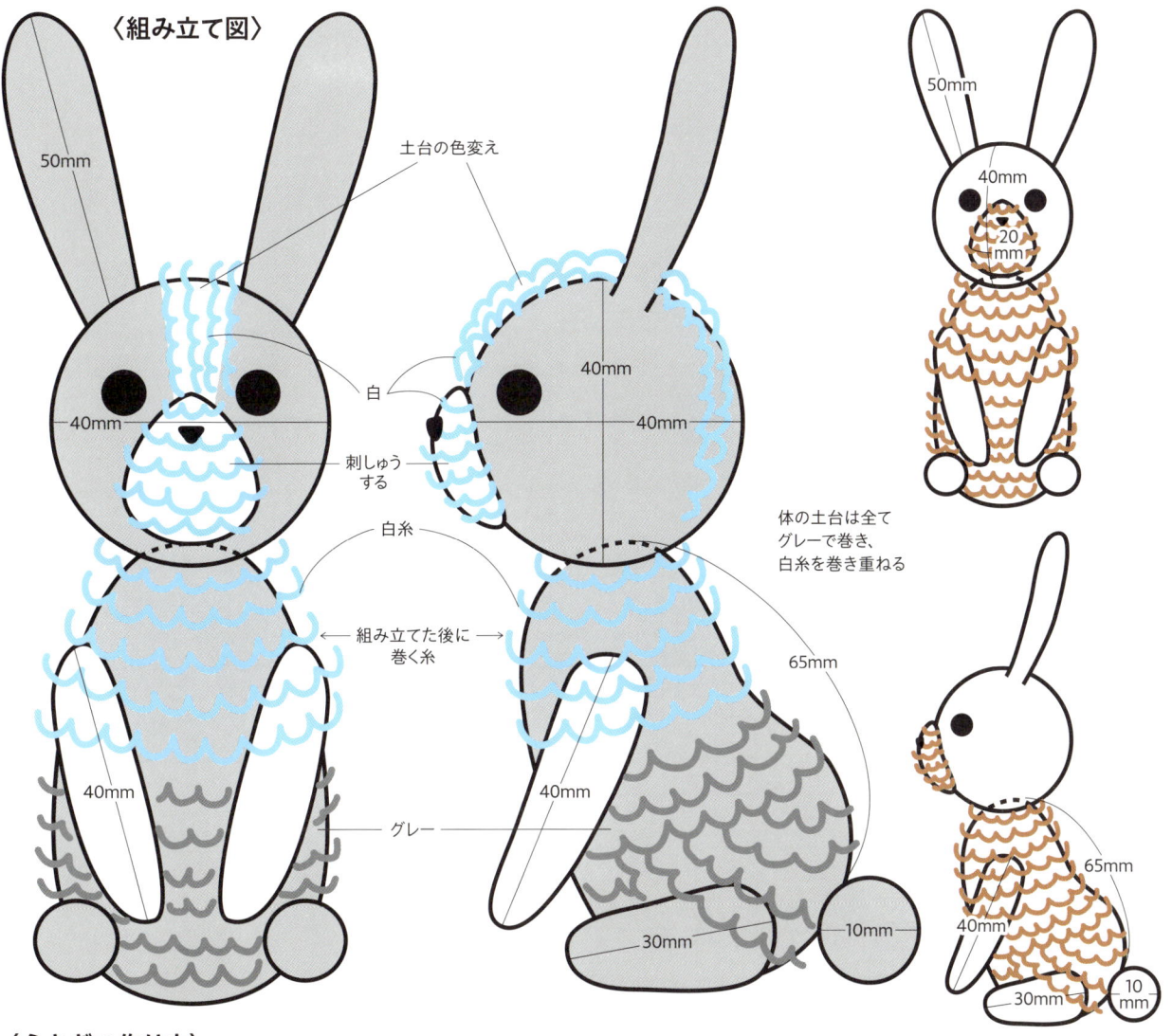

50mm
土台の色変え
白
刺しゅうする
白糸
40mm
← 組み立てた後に → 巻く糸
グレー
40mm

40mm
40mm

50mm
40mm
20mm
体の土台は全て
グレーで巻き、
白糸を巻き重ねる

65mm
30mm
10mm

65mm
40mm
30mm
10mm

〈うさぎの作り方〉

01 色を変えるときは、顔の中心に白糸を巻く。

02 フェルティングニードルで刺し固める。

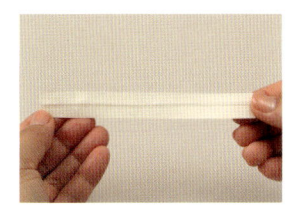

03 うさぎの耳は、10cmのテクノロートに両面テープを貼る。

04 両面テープを折り重ね、中央2cmくらいに糸を巻きつける。

05 テクノロートを耳の形になるように二つ折りする。

06 耳に巻く。根元のテクノロートを5mmぐらい残し、残した部分を頭に刺し入れ、糸の部分と頭を縫い止める。

07 各パーツを組み立てる。

08 首から前あしの付け根まで白糸で巻く。後ろあしの付け根、おしりはグレー糸で巻く。

04 ネコ → P.18

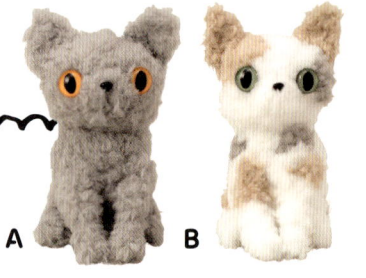

A　B

● 出来上がりサイズ
　→P.73参照

〈使用糸〉

使用法	パーツ	使用糸	糸色	色番号	本数	使用量
土台 A	頭・体・前あし・後ろあし・耳・しっぽ	DMC ファーヤーン テディ	グレー	312	1本	40g
巻糸 A	頭・体・口（刺しゅう）		グレー	312	1本	
土台 B	頭・体・前あし・後ろあし		白	310	1本	35g
	耳・しっぽ		ベージュ	311	1本	4g
巻糸 B	体		白	310	1本	2g
刺しゅう B	口（刺しゅう）		白	310	1本	1g
	頭・体		ベージュ	311	1本	1g
	頭・体		グレー	312	1本	1g

〈その他材料〉

種　類	色・形	サイズ	量
目ボタン（サシ目）	クリア	12mm	1組
サシ鼻	黒	6mm	1個
テクノロート（L）	耳用	10cm	2本
テクノロート（L）	しっぽ用	12cm	1本

アクリル絵の具やマニキュアなどで裏側から好みの色に着色する。

〈パーツの大きさと台紙〉

パーツ	型紙	台紙	台紙に巻く回数	ポイント
頭	D	ー		土台に手芸綿入れずに、毛糸だけで巻く
体	I	ー		土台に手芸綿入れずに、毛糸だけで巻く
前あし	ー	5cm	約 20 回	あし先は 10mm 残して、約 40 回付け根まで巻く
後ろあし	ー	3cm	約 20 回	あし先は 10mm 残して、約 20 回付け根まで巻く
しっぽ	ー	3cm	テクノロート	テクノロートに巻きつける。耳の作り方（P.55 参照）
口	ー	ー		パーツは作らずに、口の部分を二重の糸で 3~4 回サテンステッチ
耳	ー	ー		両面テープをを貼ったテクノロートに毛糸を、巻き付ける。図のように 3 角形に折り曲げて、頭に縫いつける

頭・体・前あし・後ろあしを
全部白で巻いた後、白で全体を巻き足し、
模様部分はベージュとグレーで刺しゅうする。

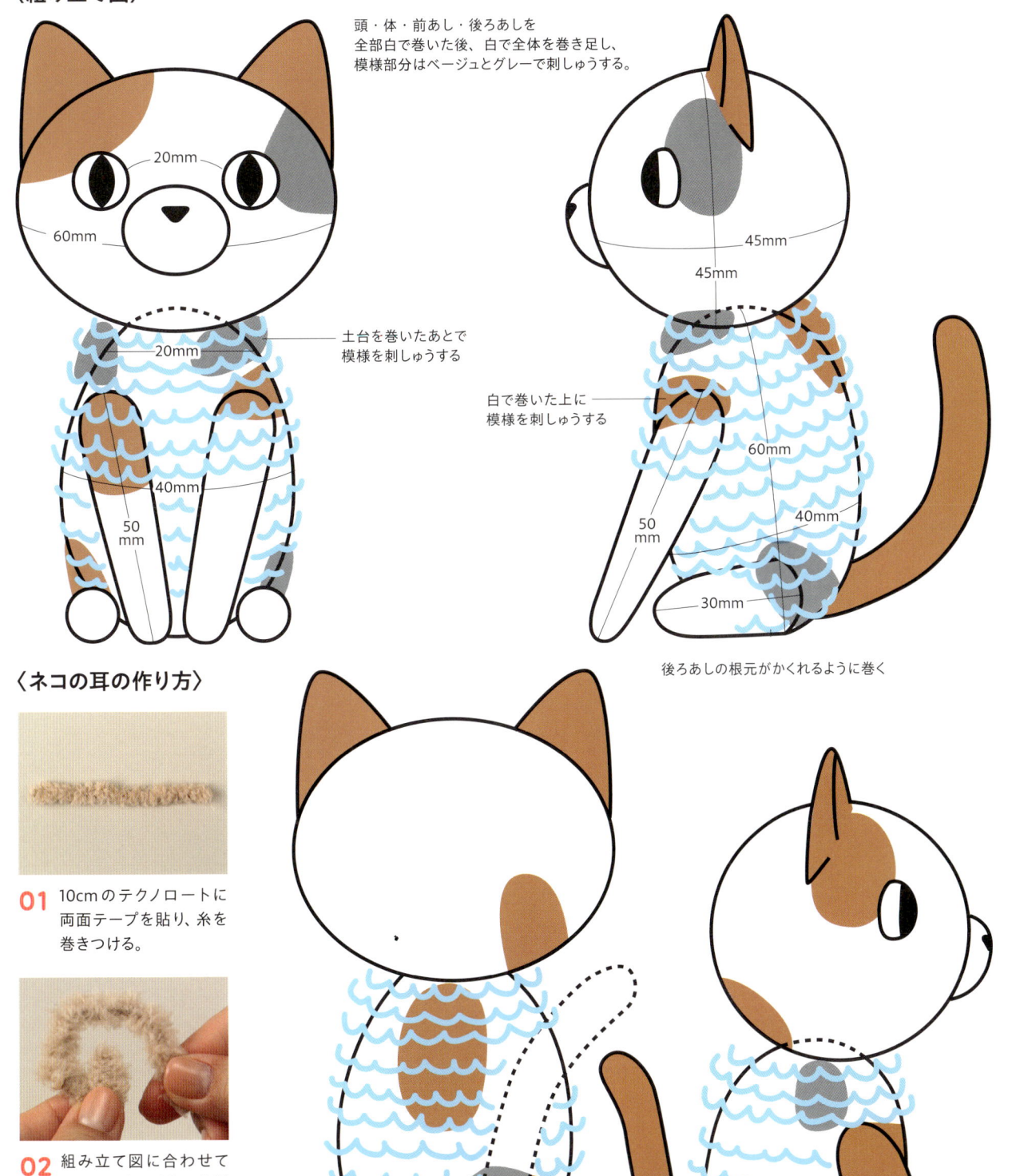

20mm

60mm

20mm

土台を巻いたあとで
模様を刺しゅうする

40mm

50
mm

45mm

45mm

白で巻いた上に
模様を刺しゅうする

60mm

50
mm

40mm

30mm

後ろあしの根元がかくれるように巻く

〈ネコの耳の作り方〉

01 10cm のテクノロートに
両面テープを貼り、糸を
巻きつける。

02 組み立て図に合わせて
耳の形になるように内側
から三角形に折る。

5mm
25mm
20mm
10mm
15mm
25mm

頭に縫い止める

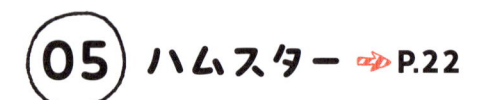  

⑤ ハムスター ➡ P.22

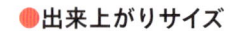

●出来上がりサイズ
　→P.74参照

A　B

〈使用糸〉

使用法	パーツ	使用糸	糸色	色番号	本数	使用量
土台 A	頭・体・前あし・後ろあし・耳・しっぽ		白	310	1本	23g
巻糸 A	体・口（刺しゅう）		白	310	1本	
土台 B	頭・体・後ろあし・耳・しっぽ	DMC ファーヤーンテディ	グレー	312	1本	25g
	前あし		白	310	1本	10g
巻糸 B	頭（部分）体（前あし周り）		白	310	1本	2g
巻糸 B	体（後ろあし周り）		グレー	312	1本	2g
刺しゅう	鼻（刺しゅう）		ピンク		1本	2g

〈その他材料〉

種　類	色・形	サイズ	量
目ボタン（サシ目）	黒	8mm	1組
刺しゅう糸	ピンク（6 本取り）	20cm	1本
モール 3mm 太	ピンク	8cm	4本

〈パーツの作り方ポイント〉

パーツ	型紙	台紙	台紙に巻く回数	ポイント
頭	C	—		土台に手芸綿入れずに、毛糸だけで巻く。B は中心に白い毛糸を巻く（P.53 参照）
体	H	—		土台に手芸綿入れずに、毛糸だけで巻く
前あし	—	モール 8cm を 2 つ折り		モールに両面テープを貼り、5mm 先を出し、根元まで約 30 回毛糸を巻き付ける
後ろあし	—	モール 8cm を 2 つ折り		モールに両面テープを貼り、5mm 先を出し、根元まで約 30 回毛糸を巻き付ける
しっぽ	—	1cm	約 5 回	巻いた糸をしばり、広がらないようにフェルティングニードルで固定する
口	—	—		パーツは作らずに、口の部分を二重の糸で 5 〜 6 回サテンステッチ
耳	—	1cm	約 5 回	巻いた糸をドーナツ状にらせんに縫い、頭に縫いつける

〈組み立て図〉

仕上げにピンクの
刺しゅう糸で
鼻を刺しゅう

10mm
20mm
35mm
20mm
40mm
40mm
40mm

35mm
40mm
40mm
55mm
10mm
40mm

体の土台は
すべてグレーで巻き、
白糸を巻き重ねる

10mm
20mm
35mm
20mm
40mm
40mm
40mm

35mm
40mm
40mm
55mm
10mm
40mm

〈ハムスターのあしの作り方〉

01 8cmのピンクのモールを二つ折りする。

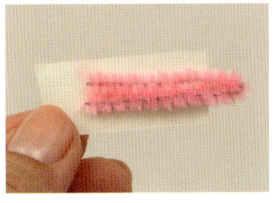

02 あし先5mm分を出し、両面テープで貼る。

03 糸（テディ）をあし先から巻く。巻き始めの糸は一緒に巻き込む。

04 付け根側が少し太くなるように巻き重ねる。巻き終わりは30cmくらい糸を残し、とじ針で数回縫い止める。

06 アルパカ ➡ P.24

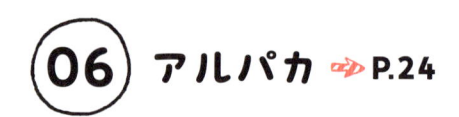

●出来上がりサイズ
　→P.74参照

〈使用糸〉

使用法	パーツ	使用糸	糸色	色番号	本数	使用量
土台	頭・前あし・後ろあし・耳	ハマナカ ソノモノ合太	オフホワイト	1	1本	20g
	首・体・前あし・後ろあし・しっぽ	ハマナカ ソノモノループ	オフホワイト	51	1本	60g
巻糸	頭・体・前あし・後ろあし	ハマナカ ソノモノループ	オフホワイト	51	1本	
鼻刺しゅう	鼻・口	ハマナカ ピッコロ	茶	38	1本	50cm

〈その他材料〉

種　類	色・形	サイズ	量
目ボタン（サシ目）	黒	8mm	1組
手芸綿			12g

〈パーツの作り方ポイント〉

パーツ	型紙	台紙	台紙に巻く回数	ポイント
頭	E	―		芯に手芸綿入れずに、合太毛糸だけで巻く
体	L	―		手芸綿を芯にして、ループ糸で巻く
首	K	―		手芸綿を芯にして、ループ糸で巻く
前あし	―	7cm	約20回	合太毛糸で土台を作る。土台は合太毛糸を7cmの台紙に約20回巻き、台紙から外し約60回巻く。 あし先はカットしない。さらに手芸綿を巻いてからループ糸を巻く
後ろあし	―	8cm	約20回	合太毛糸で土台を作る。土台は合太毛糸を8cmの台紙に約20回巻き、台紙から外し約70回巻く。 あし先はカットしない。さらに手芸綿を巻いてからループ糸を巻く
しっぽ	―	3cm	約20回	巻いた糸を縛り、そのままつける
耳	―	3cm	約15回	合太毛糸をフェルト状に固めて、型紙の大きさにカットする（P.67参照）

〈組み立て図〉

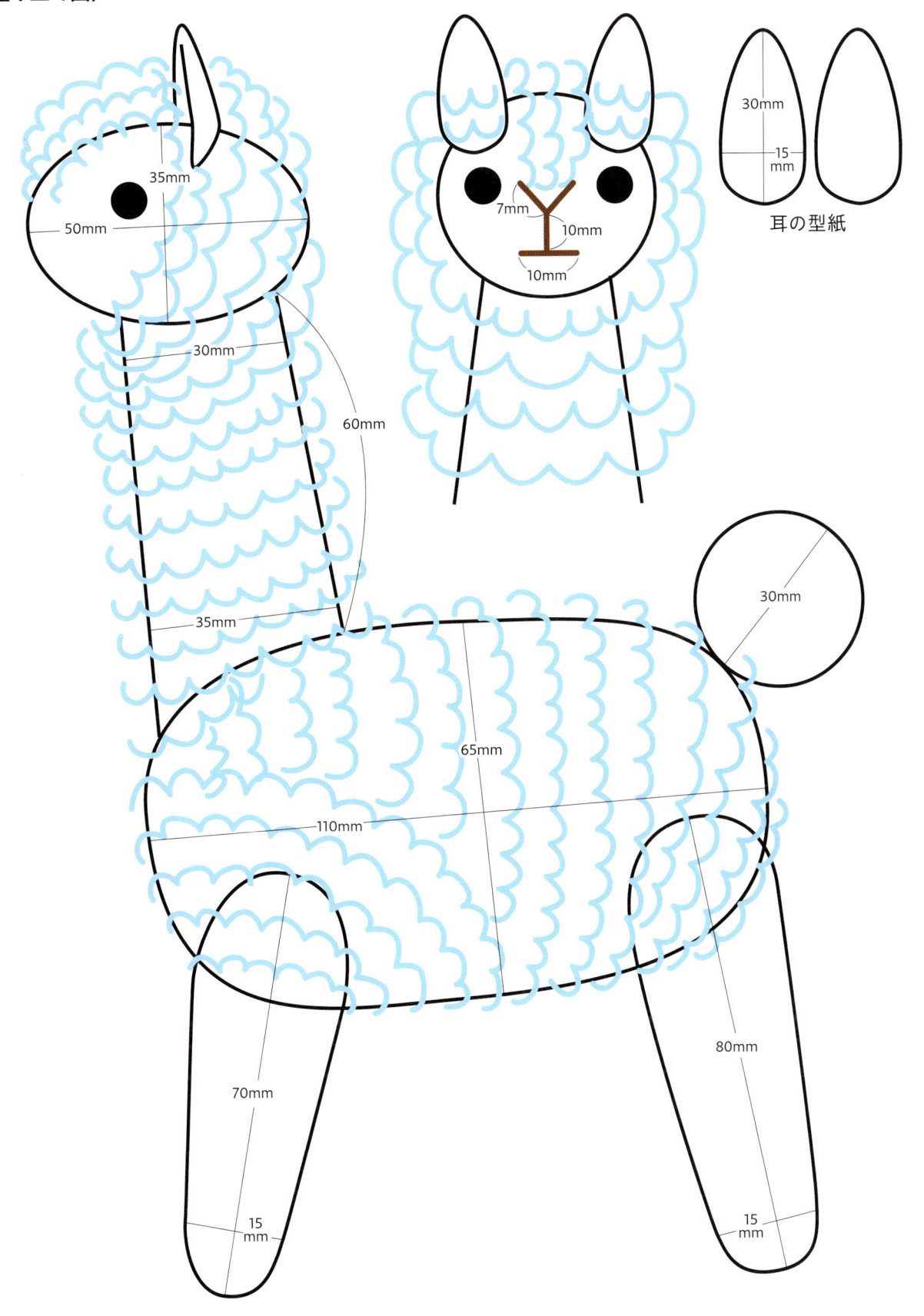

35mm
50mm
30mm
60mm
35mm

7mm
10mm
10mm

30mm
15mm

耳の型紙

30mm

65mm
110mm
80mm
70mm
15mm
15mm

P.60へ続く →

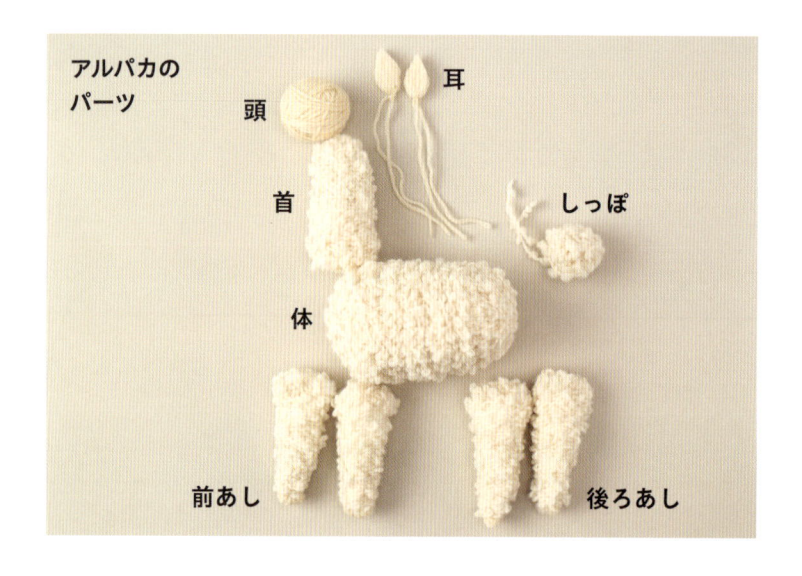

アルパカの
パーツ

頭 / 耳 / 首 / しっぽ / 体 / 前あし / 後ろあし

〈アルパカのあしの作り方〉

01 巻いたあしと芯と薄く伸ばした手芸綿を用意する。

02 手芸綿を薄く伸ばしながらあしの土台を回し、巻きつける。

03 組み立て図に合わせながら付け根側が太くなるように巻く。

04 あし先から付け根に向けて糸（ソノモノループ）を巻く。巻き始めの糸は一緒に巻き込む。

05 巻き終わったら40cm程度残して糸を切る。とじ針に糸を通し、あしの付け根側の芯の輪の中を縫うように通す。

06 手芸綿が見えないようにさらに縫う。糸だけをすくうとはずれやすいので、あしの芯と手芸綿の中にも針を入れる。

07 頭の糸を使い、頭と首をとじ合わせる。

08 巻いた糸がきれいに見える方を正面にする。

09 額の部分を本体の巻き糸（ソノモノループ）で刺しゅうする。糸は二重にし、糸端は玉留めせずにパーツの中に入れる。

10 ふんわりさせるように縫い重ねる。目安は7、8回。

11 顔の周りに糸を巻きつける。耳の前、耳の後ろ、後頭部は形が複雑なので、一気に巻かずにとじ針を使って縫い止めながら形を作る。

12 後頭部は縦に縫いながら糸を渡す。

13 さらに首回りにボリュームが出るように、糸を巻きつけていく。何回か巻いた後にフェルティングニードルで刺し固めると形が崩れにくくなる。

(07) コアラ → P.26

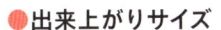

● 出来上がりサイズ
→P.714参照

〈組み立て図〉

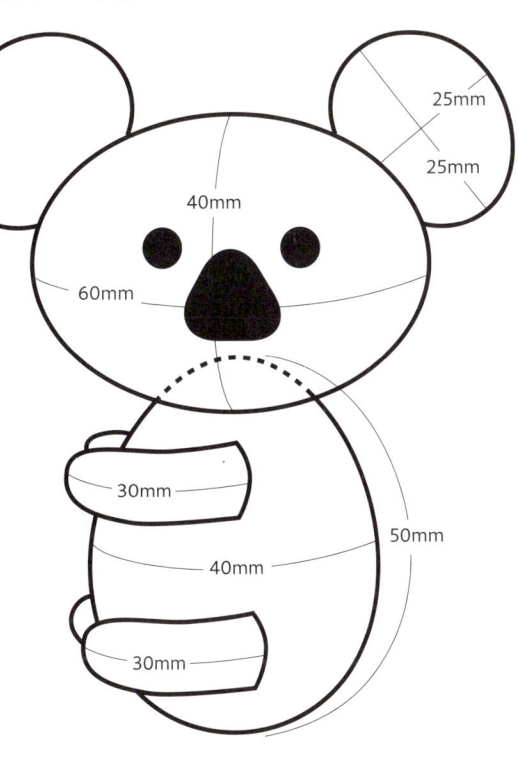

〈使用糸〉

使用法	使用糸	糸色	色番号	本数	使用量
土台	DMC ファーヤーン テディ	薄ブルー	315	1本	20g
植毛					

〈その他材料〉

種　類	色・形	サイズ	量
目ボタン（サシ目）	黒	6mm	1組
ウール刺しゅう糸	黒		1m

〈パーツの作り方ポイント〉

パーツ	型紙	台紙	台紙に巻く回数	ポイント
頭	D	―		土台に手芸綿入れずに、毛糸だけで巻く
体	G	―		土台に手芸綿入れずに、毛糸だけで巻く
前あし	―	3cm	約10回	あし先は 5mm 残して、付け根まで約 20 回巻く
後ろあし	―	3cm	約10回	あし先は 5mm 残して、付け根まで約 20 回巻く
鼻	―	―		おにぎり型にこんもり刺しゅうする
耳	―	2cm	約15回	巻いた糸をドーナツ状にらせんに縫い、頭に縫いつける（P.51 参照）

〈コアラの鼻の刺しゅうの仕方〉

写真を参考に、少し高さが出る
ように数回刺しゅうをする。

(08) ヒツジ → P.28

 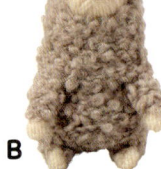

● 出来上がりサイズ
→P.74参照

A B

〈使用糸〉

使用法	パーツ	使用糸	糸色	色番号	本数	使用量
土台 A	頭・前あし・後ろあし・耳	ハマナカ ソノモノ合太	オフホワイト	1	1本	20g
巻糸 A	頭・体・前あし・後ろあし	ハマナカ ソノモノループ	オフホワイト	51	1本	30g
土台 B	頭・前あし・後ろあし	ハマナカ ソノモノ合太	オフホワイト	1	1本	20g
	耳	ハマナカ ソノモノ合太	ベージュ	2	1本	1m
巻糸 B	頭・体・前あし・後ろあし	ハマナカ ソノモノループ	ベージュ	52	1本	30g

〈その他材料〉

種　類	色・形	サイズ	量
目ボタン（サシ目）	黒	6mm	1組
サシ鼻	黒	6mm	1個

〈パーツの作り方ポイント〉

パーツ	型紙	台紙	台紙に巻く回数	ポイント
頭	E	—		土台に手芸綿入れずに、合太毛糸だけで巻く
体	J	—		土台に手芸綿入れずに、ループ糸だけで巻く
前あし	—	5cm	約 20 回	合太毛糸で 5cm の台紙に約 20 回巻き、台紙から外して約 40 回巻く。さらにその上にループ糸を巻く。あし先はカットしない
後ろあし	—	4cm	約 20 回	合太毛糸で 4cm の台紙に約 20 回巻き、台紙から外して約 30 回巻く。さらにその上にループ糸を巻く。あし先はカットしない
耳	—	2cm	約 10 回	フェルト状に固めて、型紙の大きさにカットする（P.67 参照）

〈組み立て図〉

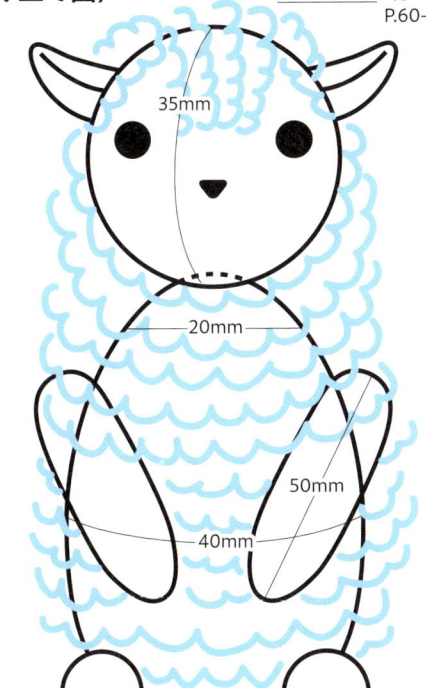
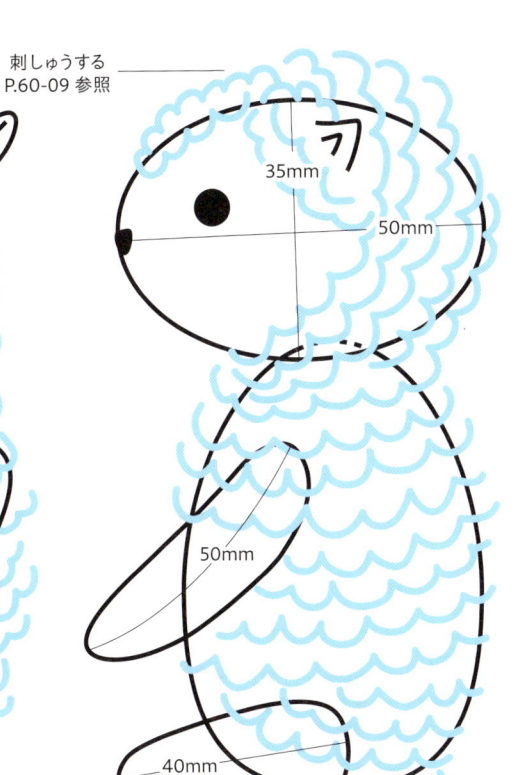

刺しゅうする
P.60-09参照

35mm
20mm
50mm
40mm

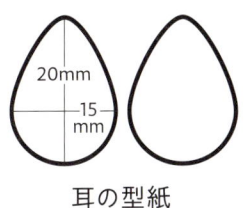

20mm
15mm

耳の型紙

〈植毛タイプ〉 09 トイプードル ➡ P.30

● 出来上がりサイズ→P.76参照

〈使用糸〉

使用法	使用糸	糸色	色番号	本数	使用量
土台	ハマナカ アメリー	茶	49	1本	35g
植毛				2本（2重）	

〈その他材料〉

種 類	色・形	サイズ	量
目ボタン（サシ目）	黒	8mm	1組
ドッグノーズ	黒	10mm	1個
手芸綿			6g

〈パーツの作り方ポイント〉

パーツ	型紙	台紙	台紙に巻く回数	ポイント
頭	A	―		手芸綿で芯を作って毛糸で巻く
体	F	―		手芸綿で芯を作って毛糸で巻く
前あし	―	5cm	約20回	あし先は10mm残して、付け根まで約40回巻く
後ろあし	―	4cm	約20回	あし先は10mm残して、付け根まで約30回巻く
しっぽ	―	3cm	約20回	先は15mm残して、付け根まで約15回巻く
口	―	3cm	約20回	両端は残して、真ん中を約10回巻く（きつく巻かない）
耳	―	5cm	約30回	根元をしばる。仕上げはP.42参照

P.64へ続く ➡

〈組み立て図〉

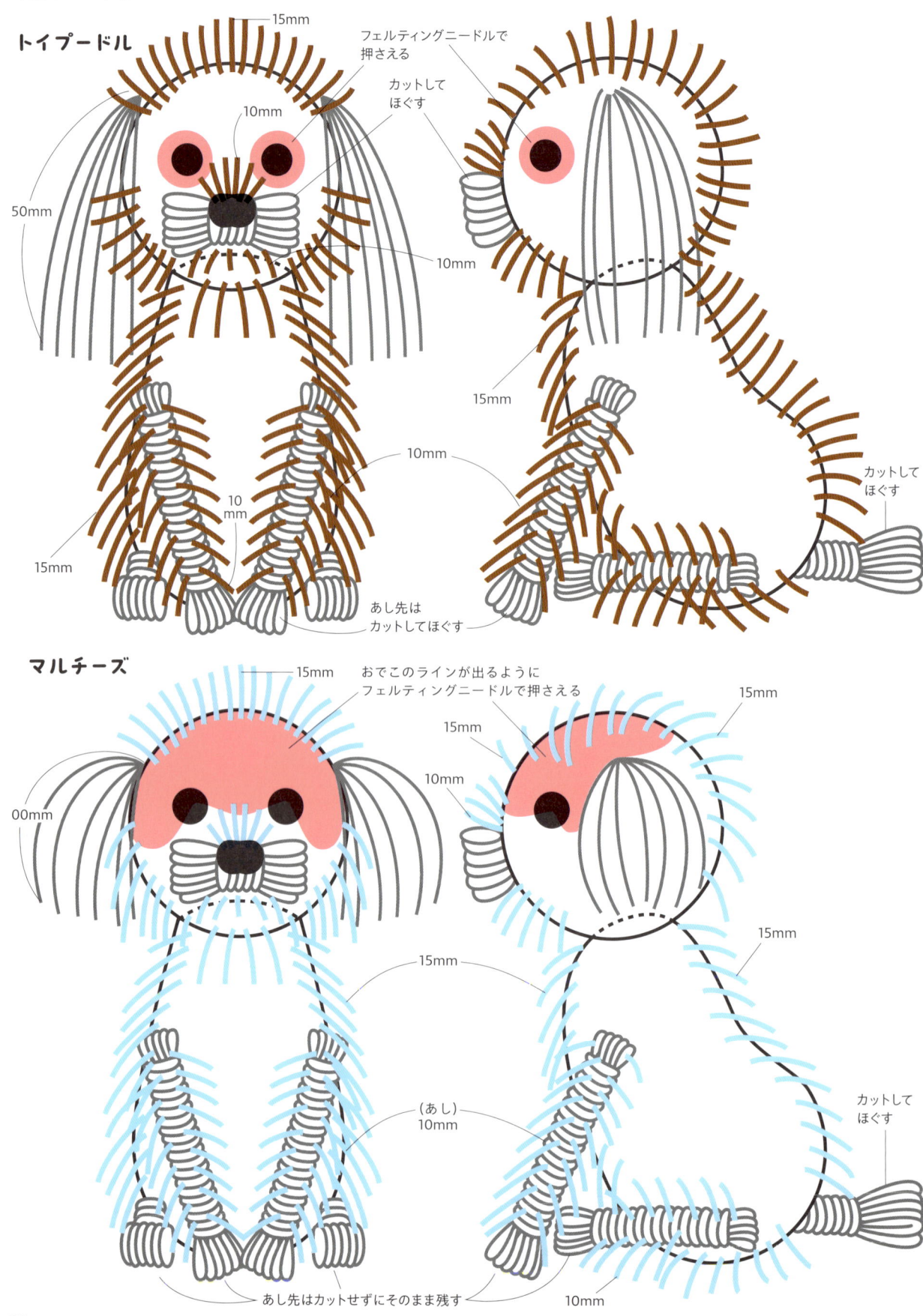

トイプードル

15mm

フェルティングニードルで
押さえる

カットして
ほぐす

10mm

50mm

10mm

10mm

15mm

15mm

10
mm

10mm

15mm

あし先は
カットしてほぐす

カットして
ほぐす

マルチーズ

15mm

おでこのラインが出るように
フェルティングニードルで押さえる

15mm

15mm

00mm

10mm

15mm

15mm

15mm

（あし）
10mm

カットして
ほぐす

あし先はカットせずにそのまま残す

10mm

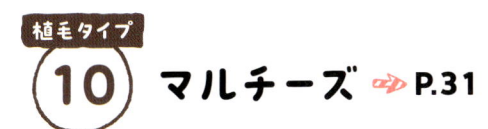

10 マルチーズ → P.31

● 出来上がりサイズ
　→P.76参照

〈使用糸〉

使用法	使用糸	糸色	色番号	本数	使用量
土台	ハマナカ アメリー	白	51	1本	35g
植毛				2本（2重）	

〈その他材料〉

種　類	色・形	サイズ	量
目ボタン（サシ目）	黒	10mm	1組
ドッグノーズ	黒	10mm	1個
手芸綿			6g

〈パーツの作り方ポイント〉

パーツ	型紙	台紙	台紙に巻く回数	ポイント
頭	A	―		手芸綿で芯を作って毛糸で巻く
体	F	―		手芸綿で芯を作って毛糸で巻く
前あし	―	5cm	約20回	あし先は10mm残して、付け根まで約40回巻く
後ろあし	―	4cm	約20回	あし先は10mm残して、付け根まで約30回巻く
しっぽ	―	3cm	約20回	先は15mm残して、付け根まで約15回巻く
口	―	3cm	約20回	両端は残して、真ん中を約10回巻く（きつく巻かない）
耳	―	5cm	約30回	根元をしばる。輪になっている部分をカットし、スリッカーブラシでほぐす

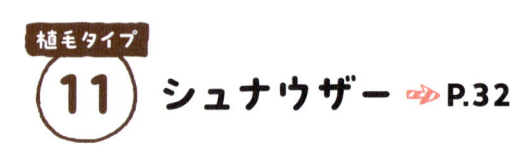

植毛タイプ
(11) シュナウザー ➡ P.32

● 出来上がりサイズ
　→P.76参照

〈使用糸〉

使用法	パーツ	使用糸	糸色	色番号	本数	使用量
土台	頭・体・耳・しっぽ	ハマナカ アメリー	グレー	22	1本	22 グレー 33 g
	前あし・後ろあし		白	51	1本	
植毛	頭・体・あし		グレー	22	2本（2重）	51 白 5 g
植毛	あし先・口・まゆげ・胸毛		白	51	2本（2重）	

〈その他材料〉

種　類	色・形	サイズ	量
目ボタン（サシ目）	黒	8mm	1組
ドッグノーズ	黒	10mm	1個
手芸綿			6g

〈パーツの作り方ポイント〉

パーツ	型紙	台紙	台紙に巻く回数	ポイント
頭	A	—		手芸綿で芯を作って毛糸で巻く
体	F	—		手芸綿で芯を作って毛糸で巻く
前あし	—	5cm	約20回	あし先は 10mm 残して、付け根まで白 10 回、グレー 30 回巻く
後ろあし	—	4cm	約20回	あし先は 10mm 残して、付け根まで白 10 回、グレー 20 回巻く
しっぽ	—	3cm	約15回	先は 15mm 残して、付け根まで約 15 回巻く
口	—	3cm	約20回	両端は残して、真ん中を約 10 回巻く（きつく巻かない）
耳	—	4cm	約20回	フェルト状に固めて、型紙の大きさに合わせてカットする

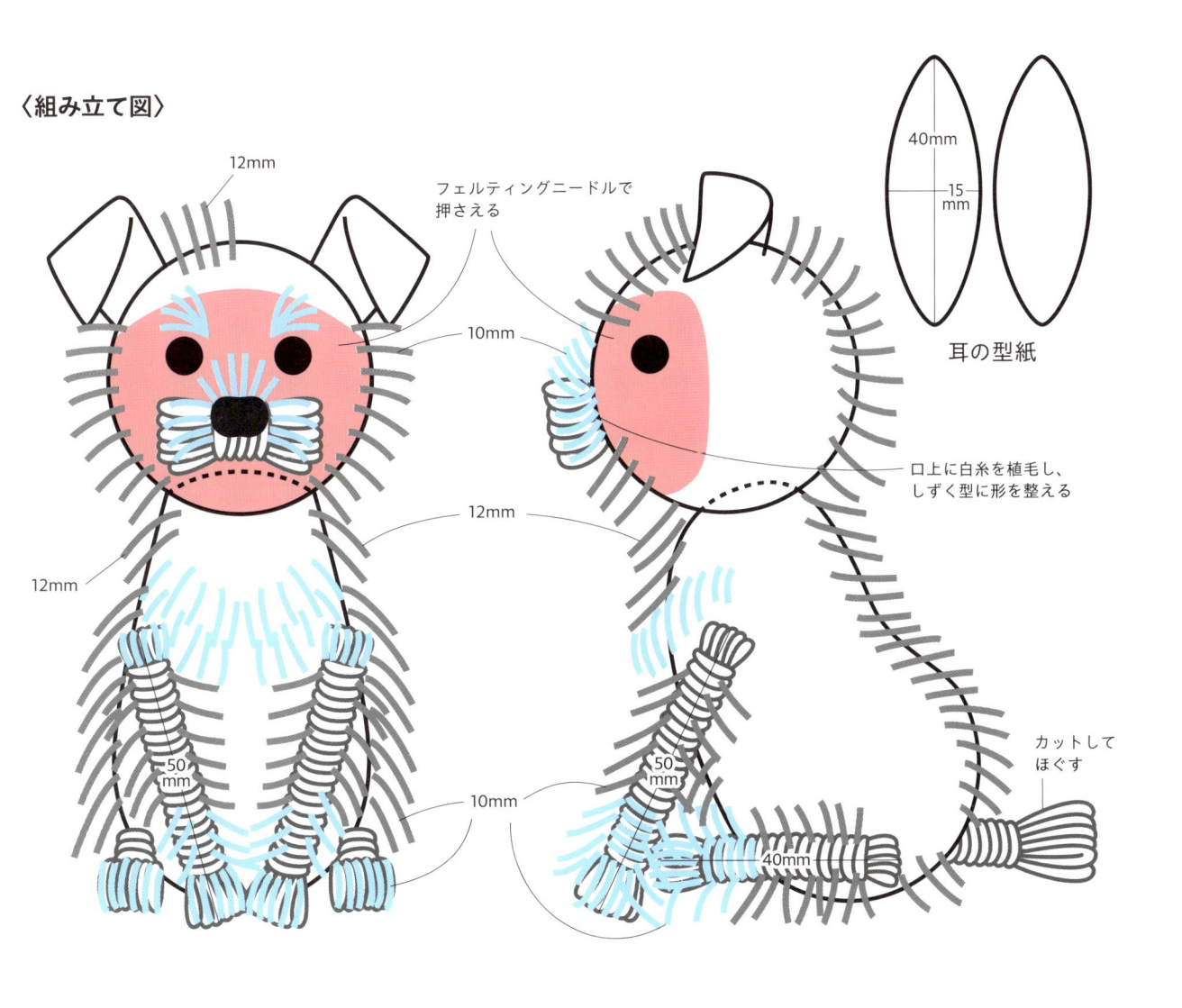

〈組み立て図〉

12mm

フェルティングニードルで
押さえる

10mm

12mm

12mm

50mm

10mm

口上に白糸を植毛し、
しずく型に形を整える

40mm

カットして
ほぐす

40mm
15mm

耳の型紙

〈シュナウザーのあしの作り方〉

台紙に白い糸を巻き、あし先
から10mm残し、さらに同じ糸
で10mmほど巻く。

グレーの糸に変え、付け根まで
巻く。糸の端は巻き込みなが
ら始末する。

〈シュナウザーの耳の作り方〉

折れ耳にするためには、斜め手前に折り、さらにフェルティングニー
ドルで刺し固める。反対側の耳は左右対称に折る。

12 クマ ➡ P.34

A　B　C

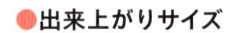

● 出来上がりサイズ
　→P.77～参照

〈使用糸〉

使用法	使用糸	糸色	色番号	本数	使用量
土台 A	ハマナカ アメリー	茶	49	1本	40 g
植毛 A				2本（2重）	
土台 B		白	51	1本	40 g
植毛 B				2本（2重）	
土台 C		濃茶	50	1本	40 g
植毛 C				2本（2重）	

〈その他材料〉

種　類	色・形	サイズ	量
目ボタン（サシ目）	黒	10mm	1組
サシ鼻	黒	8mm	1個
手芸綿			6g

〈パーツの作り方ポイント〉

パーツ	型紙	台紙	台紙に巻く回数	ポイント
頭	B	―		手芸綿で芯を作って毛糸で巻く
体	G	―		手芸綿で芯を作って毛糸で巻く
前あし	―	5cm	約20回	あし先は10mm残して、付け根まで約40回巻く
後ろあし	―	4cm	約20回	あし先は10mm残して、付け根まで約30回巻く
しっぽ	―	2cm	約20回	巻いたところを縛り、ポンポン型にする
口	―	3cm	約10回	両端は残して、真ん中を約10回巻く（きつく巻かない）
耳	―	5cm	約30回	トイプードルの耳を2つに折り、扇形にまとめる（P.69参照）

〈組み立て図〉

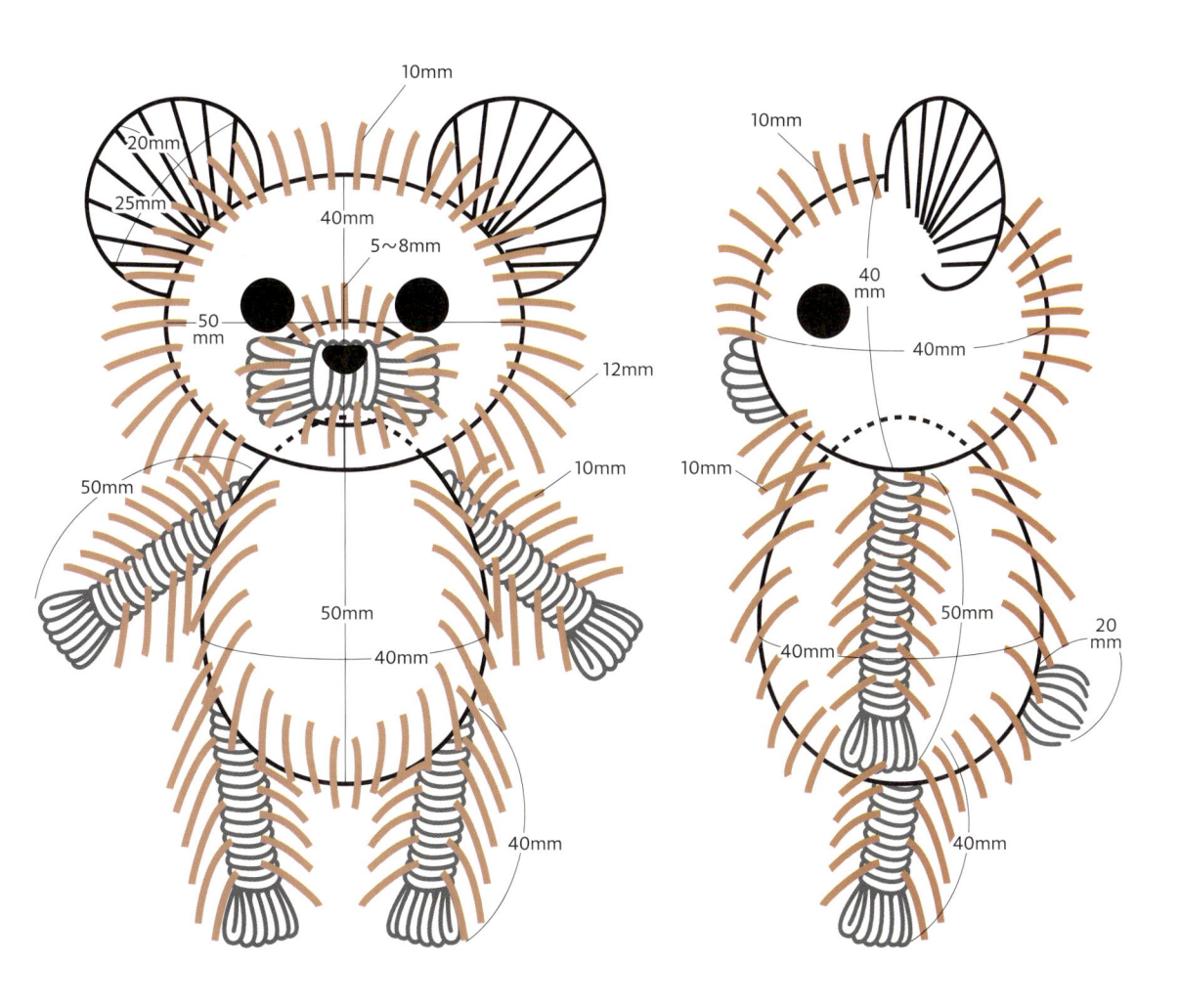

〈クマの耳の作り方〉

01 トイプードルの耳（P.42参照）と同様に仕立て、耳の先に糸をつける。

02 輪の中に通して引き絞り、耳先を数回縫う。

03 耳を半分に折り、とじ糸同士を結ぶ。フェルティングニードルで扇形になるように刺し固める。

出来上がりサイズ

各あみぐるみの出来上がりサイズ。作る際、正面、横向き、後ろ向きの写真も参考にして、形を整えしましょう。

トイプードルA

13cm

8cm

トイプードルB

13cm

8cm

10cm

5cm

コアラ

8cm

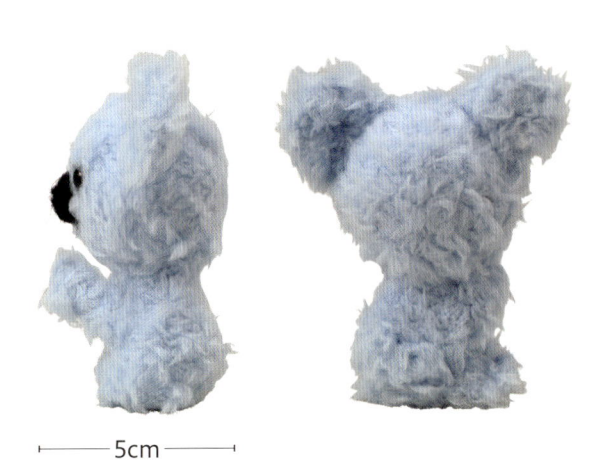

5cm

ウサギA

15cm

7cm

ウサギB

15cm

7cm

ネコA

11cm

6cm

ネコB

11cm

6cm

ヒツジA

ヒツジB

11cm

6cm

ハムスターA

ハムスターB

9cm

6cm

22cm

14cm

トイプードル

13cm

8cm

マルチーズ

13cm

8cm

シュナウザー

13cm

8cm

クマ A

7cm

クマ B

クマ C

12cm

<ruby>眞道<rt>しんどう</rt></ruby> <ruby>美恵子<rt>み え こ</rt></ruby>

うちの子あみぐるみ作家

愛犬・愛猫の特徴をとらえつつ、かわいくデフォルメした
オリジナルのあみぐるみ人形をオーダー制作。ディテール
にこだわった、私だけの作品作りを心がける。銀座・吉祥寺
にてあみぐるみ教室「もんぱぴ」を主宰。編み図販売・オン
ラインレッスンも開催。2016年より毎年個展を開催。『抱っ
こしたくなる　あみぐるみワンコ』『柴犬と和犬のあみぐる
み』(日本文芸社刊) 他、著書多数。

https://monpuppy.com
掲載作品の作り方ポイントと動画をホームページで公開

編　集	武智美恵
デザイン・イラスト	伊藤智代美
撮　影	島根道昌、天野憲仁
素材提供	クラフトハート トーカイ (藤久株式会社) https://www.crafttown.jp/ ◆手芸材料の通信販売　シュゲール楽天店 https://www.rakuten.ne.jp/gold/shugale/ ◆手芸材料の通販シュゲール　Yahoo!店 https://shopping.geocities.jp/shugale1/ TEL 0570 (783) 658

クロバー株式会社
https://clover.co.jp
TEL 06 (6978) 2277

ごしょう産業株式会社 毛糸ピエロ
https://www.gosyo.co.jp

ディー・エム・シー株式会社
https://www.dmc.com/jp/
TEL 03 (5296) 7831

ハマナカ株式会社
コーポレートサイト：hamanaka.co.jp
メール：info@hamanaka.co.jp
TEL 075 (463) 5151 (代)

<ruby>結<rt>むす</rt></ruby>んで<ruby>巻<rt>ま</rt></ruby>くだけ
<ruby>編<rt>あ</rt></ruby>まないあみぐるみ

2024年10月1日　　第1刷発行

著　者	<ruby>眞道美恵子<rt>しんどう み え こ</rt></ruby>
発行者	竹村 響
印刷所・製本所	株式会社 光邦
発行所	株式会社 日本文芸社 〒100-0003 東京都千代田区一ツ橋1-1-1 パレスサイドビル8F

Printed in Japan 112240918-112240918 Ⓝ 01 (201129)
ISBN978-4-537-22239-5
URL https://www.nihonbungeisha.co.jp/
©MIEKO SHINDO 2024
(編集担当　牧野)

乱丁・落丁などの不良品、内容に関するお問い合わせは
小社ウェブサイトお問い合わせフォームまでお願いいたします。
ウェブサイト　https://www.nihonbungeisha.co.jp/